말이 없는 노래

김경선 시집

시와사람

말이 없는 노래

2025년 10월 25일 인쇄
2025년 10월 30일 발행

지은이 김경선

펴낸이 강경호 편집장 강나루 디자인 정찬애
펴낸곳 도서출판 시와사람
등록 1994년 6월 10일 제 05-01-0155호
주소 광주시 동구 양림로119번길 21-1(학동)
전화 (062)224-5319   E-mail jcapoet@hanmail.net

ISBN 978-89-5665-798-1   03810

값 12,000원

＊잘못된 책은 구입하신 서점에서 바꾸어 드립니다.
＊지은이와의 협의로 인지를 붙이지 않습니다.
＊이 책은 광주문화재단 지역문화예술육성지원사업
  지원으로 제작되었습니다.

이 도서의 국립중앙도서관 출판예정도서목록(CIP)은
서지정보유통지원시스템 홈페이지(http://seoji.nl.go.kr)와
국가자료종합목록 구축시스템(http://kolis-net.nl.go.kr)에서
이용하실 수 있습니다.

ⓒ 김경선, 2025
이 책의 저작권은 저자에게 있습니다.
저작권에 의해 보호를 받는 저작물이므로
출판사와 저자의 허락 없이 무단 전재와 복제를 금합니다.

말이 없는 노래

■ 자서

말이 없는 노래
무음들이 수태한 기미...

음파에 갇힌/흰 달빛이 / 곡선의 둥근 배를 내밀어 / 환하게 부풀어 오른다 / 향낭을 터트린 파열의 음音들이 / 부시게 날은다

...
나의 노래는 언어이며 가락이다
언어의 이미지는 현란하다. 소쉬르의 위트를 빌려 구름 위를 걷기도 하며
정념의 푸른 날개를 편다.
전유물의 글자를 환기하며 듣는다. 손가락 사이
둥근 여운을 보며 공허에 눈을 뜨고 언어의 깊이 만큼
충만의 호흡으로 나의 어휘는 노래하는 것이다.
의문이 길어진다.
말의 가락으로 노을의 뒤편을 보며
교통의 따스함을 전한다.
흰 꽃으로 발화하는 말들...

말이 없는 노래 / 차례

자서 · 9

제1부

물의 파반느 16
Pavane of Water 17
달, 봐 18
동백꽃잎 지다 19
풍등 20
느끼다 21
길 위에서 22
에피소드 1 24
에피소드 2 25
suddenly... / 그대 1 26
suddenly... / 그대 2 27
suddenly... / 그대 3 28
키위 새 29
빗물, 미니멈minimum 30
그녀, 텃밭 32
낙엽을 태우다 34
곰배령 가보기 35

제2부

36 망양정
37 시간의 묘약
38 청량사
40 은수사銀水寺
41 초록 쌍계사
42 림포 지가志歌
43 매듭 풀기
44 정심情心은 나빌레라
46 무위사
47 전설
48 코라chora 논의
50 말이 말을 잡다
52 文明 이론
54 슬도瑟島 노을빛, 소라의 귀가 되다
55 봄날

제3부

보사노바 그리고 재즈처럼 58
푸르스트 이야기 60
에피소드 61
카페에서 62
바이러스가 달관하다 65
기억 66
벡사시옹 Vexations 68
비의 에스프리 70
작은 것들을 위한 칸타타 72
아레테 arete 74
바흐를 읽는다 76
붉은&레몬 사유의 이항二項 77
이상한 바그너 78
COVID-19: || 에반게리온 80
말을 읽다, parole 83
웃다 눈물 랩소디 84

제4부

- 88 상춘재 꽃잎 피다
- 89 망인당 동백
- 90 희경루 운치에 젖다
- 91 환산정 풍류
- 92 풍암정가 楓巖亭歌
- 93 죽와 竹窩의 노래
- 94 눈물 겨웠네
- 96 풍경, 하나
- 98 충장로 연가
- 99 아름다운 음악
- 100 클로버
- 101 창신동 연가
- 102 야은당 연가 野隱堂 戀歌
- 103 길
- 104 훈민정음
- 106 섬, 바다를 품다

나의 시론
- 107 눈물의 미학과 침묵의 시학/ 김경선

말이 없는 노래

제1부

- 현현한 무늬
  밟고 간다

물의 파반느*

하데스*의 검은 꽃을 사랑했던

그대 모래의 기억에서

사막의 자빌리*

일제히 제 살을 뚫고 수런수런 살아나고 있다

무성한 푸른 늪
투명의 물빛

물 위를 걷는 숨

시작의 기원이 된다

*16세기 궁중 무곡으로, 기품 있는 공작의 자태를 나타냄. 문학적 인용은 생명을 관장하는 물의 위엄과 그 생명의 리듬 의미로 사용.
*지옥의 신
*사막의 꽃

Pavane of Water

Having loved Hades' flower

Javily* of the deserts from the memory

of the sands All together 'murmuringly' as the sound of life grows

penetrating the flesh of the sands

a thick green swamp,

Limpid Waters, Breath Walking over the Waters

The origin of life becomes.

*Javily - a flower

달, 봐

한쪽이 한쪽을 본다

패인 그리움이 패인 한쪽을 향하고

달맞이꽃 노오랗게 만개한

달바라기는

그리웁고 그리운

차오른 가슴으로

그대에게 간다

하늘하늘 미리내 별 숲 건너

현현한 무늬 밟고 간다

푸른 수평에 뜨는 달빛

동백꽃잎 지다

붉은 꽃 빛
속절없이

목숨만이 깊어져

어느 끝간데를
상접한
네 곁에서

순결은
꽃잎 위에 붉다

풍등

푸른 지상에서 종이를 접는다

소실점으로 손짓하는
목책과 풀꽃들이 색깔이 된다

강을 건너는 낮달
그리운 만큼 날개를 접고

달 보다 커진
가슴 하나씩 품어 안은

바람의 빛이 사무친
천개의 풍등이

내 안에 목숨처럼 안긴다

느끼다

*평균율 프렐류드prelude는

향수의 리듬이다
전주곡前奏曲의 빗소리이다

마태수난을 잠재우는
예수의 눈빛이다

노을빛 추상을 기억하는
바람 소리 채집이었거나

고도를 기다리는
일용할 양식의 평정이었거나

생각의 생각 끝을 조율하는
정수리를 꿈꾸었거나

향유의 손길을 그리워하는 일이거나
사막의 민트차茶가 그리워지는 이유이거나

﹡바흐의 전주곡

길 위에서

어디로 갈 것인가
어디로 가나 길은 있다는 生의 명리를 알기까지

예속과 붙박이의 플러그는 어느 날 들뢰즈의 유목 환상에서
여지없이 깨어지는 것이다

길은 끝이 없어
졸고 있는 노을에서 해가 물가로 넘어가는 풍경을 볼 때까지
시간은 길을 잃고 하루의 긴 그림자를 따라 걷고

들에서 물가에서 혹은 산길에서
달빛을 사랑하는 아이들에게 별을 불러 무릎에 앉히는 일과
풍경을 건드린 바람 소리를 듣는 일이

길은 그곳에도 유순함으로 깃털보다 가벼워져
꽃잎보다 환한 눈물이 몸을 열고

걸어온 길이 아름다워 보일 때까지
돌아오지 않겠다는
사람이 그리워질 때
태양과 새들은 왜 여전히 빛나며 아름다운 노래를 부르는지를...

에피소드 1
- 단상

붉은 꽃 ...
홍화의 속내를 부풀려
홍비떡으로 부빈다
오미자를 살펴
혼미해진 홍염이 정념으로 바뀌는 시간
대홍색 향연이 일렁이고
은은한 자무늬로 번진다

수고의 손에 고이 뉘이면
숨에서 풀리는 검붉은 자색
깊이에서 우러나는 열꽃
헐거운 모서리를 만지다
그 선혈 사랑할 때를 알았으니
순교와 같은
정념은

에피소드 2
- 콜로라도에 오면...

달 밝은 밤은
그대 그리워지네

바람이 지은 다리 천 길로 내린 공허가
그 위를 걷고 있다

케니언 렌즈
콜로라도에 오면
그리워지는지를

억겹의 침묵만이 악의 꽃잎 같은
시간의 기도 끝에 엎드려

반짝이며 은물결 금물결로 하얗게 흐르는지를
추억의 콜로라도에 오면

고요의 빙점마다 가슴이 어려
창백한 기다림이 눈이 부실 뿐

콜로라도에 오면...

suddenly... / 그대 1

먼 데 구름이 맨살을 만지는
거드름을 건너보고 있다
어디쯤 산이 산그림자를 조용히 비껴서
다독이는 모습을 지키고 있다
칵테일 김장법과
얼굴이 환해지는 비법을 안다는 것이다
숲길을 따라나서는 바람소리도……

suddenly... / 그대 2

그대
소국 산국이 예쁘다
청산 끝자락
버려진 마디를 주워 깁고, 입고
오래오래 시간을 끌고 온 자국
어두운 밤, 꼬리를 물고 일어서는
별의 이야기
귓가를 흘린 적이 없다
낮게 흐르는 물소리와 저녁 무렵
평온이 머무는 소리를 안다
세상 쪽을 그리워하는 일

suddenly... / 그대 3

잊지 않았다
노란빛 보면...

나비를 가둔
길은

종일 발끝에 눈물을 달고
서성이던 울음

노래가 된 너는
가슴 꽃이 된다

천개의 멍울이
천개의 사랑이 되어

노란 잎 날린다
노란 꽃잎 날린다

키위 새

  쪼아 대는 퇴화의 습성으로 검은 벨벳의 돌 위를 거닐 거나 투명한 바람까지 삭히는 것 외에는 보이지 않는다 말이 없는 한낮 시간이 드물게 안락에 걸리는 하루 나른 한 세상이 들어와 침묵한다 숲도 노래도 없다 어둠 속에 웅크린 기다림의 끝도 먹어 버리는, 날개를 펴야 할 때 눈 마저 뜨지 못한 몽매의 일상 기억하지 못한 매의 눈을 가 진 슬픔 상실마저 느끼지 못한 새는 날지 않는다 죽음에 서 내장과 날개는 점점 말려 갈 것이다 노랗게 굼뜬 눈빛, 비상의 꿈은 눈물 같은 비늘을 쪼고 있다 배회하고 있다

*키위새: 화산지대에 서식하는 새, 충분한 먹이 환경으로 날개가 퇴화 되어 날지 못하는 새.

빗물, 미니멈minimum

　　쏟아지거나　잠기거나 리듬이거나 눈물이다
　　　　　　　　노랑이거나 붉은 주검이다
　　　　　　　　창밖의 회유回遊이다

　　이별과의　　로망스다 멜랑콜리리의 전주이다
　　　　　　　　모네의 수채화다
　　　　　　　　쉘부르의 우산이다

　　종소리의　　직립이다 알수없음의 모름이다
　　　　　　　　느린 단조의 화음
　　　　　　　　환상소곡이다

　　파문이거나　포말이다 끝을 놓은 처음이다
　　　　　　　　열정이거나 소요逍遙이다
　　　　　　　　운율과 음률이다

　별과 기도이다 고독과 슬픔이다
　　　　　　　　침묵이거나 어둠이다
　　　　　　　　달빛과 허밍음이다

이별이거나 바그너다 모카골드의 피날레다
난해의 무채색이다
생生이거나 묵음이다

그녀, 텃밭

 지난여름, 꽃들을 만지고 신작로 안개 텃밭에서는 수런수런 꽃창포며 엔젤 트럼펫이 기웃거리며 하얀 수련도 물 드리우고

 매봉산 달빛 성성함도 노래하는 청보랏빛 바람의 허밍도 즐기다가 어두운 묵정밭도 안고 돌보다가 산촌 허허로운 사색도

 사유하다 수고로운 손길로 기쁨을 전송하는 지치고 소외된 작은 꽃마리 엎디어 있네 은사시나무 반짝이며 종종대는 하루를

 연보라 도라지 푸른 서어나무 발 구르며 먼데 풍경 눈길만 가네
 욕망의 키재기 별만 헤이다 하늘바라기 바람 소슬히 지나네

제2부

- 노래가 되고 싶은
심음의 노래가 된다

낙엽을 태우다

흙을 사른다
삼나무 등걸을 태우고

천지간 더욱 선명해지는
푸른 뼈가 보이고

아름다운 잎은 그대로 향피리가 되고
한가슴으로 깊어진
상수리 잎
가을 나뭇잎

너와 오래 저문 시간도
함께 시들어

속절없이 가고 있는
낙하의 꽃물들

산란한 부유물이
상여의 꽃빛 소리로 진다

곰배령 가보기

하늘이 눈꽃 안이다
눈벌만큼 하늘이 안긴다
겨울나무가 바람을 쓿고
흔들리던 나무들이
오를수록 무한한 눈물꽃이 핀다
천지의 흰 꽃빛이
천상天上의 화원쯤 닿아
애써 매달린 품속에서

바람꽃이 술렁술렁

곰배언덕을 오르고 있다

망양정

별이 지고
일몰이 되면

바다만 보인다

망망 하늘빛이 된
관동별리의 구름길
끝간데를 보고

물그림자로 띄우는 나루
그립다 하니 잔물결 떠가네

적막한 물빛을 뒤집고
물이 다시 잠긴다

파도에 놓은 숨소리가
꽃으로 뜨고 있다

시간의 묘약

  우주의 빛은 몇만 년 후 축제가 된다 하고 지금 떠오른 태양은 시야에서 필요한 8분이 소요되고 미래의 시간은 허락되지 않는 한 볼 수 없으니 과거로 돌아가는 것은 눈물과 슬픔이 사무치는 것이라고,
  메디슨 카운티 허물어진 다리는 녹이 슬고 과거의 모든 순간은 존재하므로
  그러나 현재는 정지되지 않으므로 공간을 소유하며 지나고 있다고…
  시간의 팽창을 노래한 호킹의 기이한 명분은 우주와 친근한 원리로 시간의 대비를 교화시키고
  생生의 시간도 유한하게 지나가므로—

청량사*

  연화봉 기슭 운무의 허리춤에 휘어지며 삼십육 굽이 청량한 영지, 천 년간의 숨으로 연꽃은 천 년의 절간을 지키고 있다. 만배 와선의 범종루에 일천오백 관의 무게로 범종 목어 법고 운판은 법열의 시간을 사유하는가. 천년지애 존재의 의미를 *심우尋牛하여 묻는 것은 안심당의 바람소리를 묻는 것이다. 흐르는 청류계곡 *유구천 휘는 소리 청류소에 끌어 모아 삼매에 들까 채곡하게 쌓은 담장 절간장독의 정갈함에서 청색의 목단 향은 짙다 축대 계단을 따라 하늘과 어우러진 삼각우송은 흐르는 구름 한 점 잡고 노니다가 일심화쟁을 널리 알리어 마음에서부터 일어나는 것을 잠재우라 이르시는 님, 아! 침향이 저리 아득할까, 사하촌 가는 길, 삼각뿔의 소를 보시다 시주를 권하는 원효가 보이시니 합장하여 기댄들 어떠하랴 우둔한 소[牛], 필목이며 물건들을 밤낮 없이 운반하여 홀연히 죽으매 그곳에 생겨난 삼각우송, 중생의 허기진 세상 내려보고 있네. 그대 유순한 눈빛 예쁜 유리보전 닮아계시네 주심포계의 전각은 약사좌상 여래가 지키시니 깊게 품은 뜻 유리광 세계를 보는 것이라. 중생의 치병을 서원하는 곳, 그 아래 안심 당 마루에 다기를 올려든 스님 곱기도 하시다 범종루 반가사유상은 은은히 미소하며 바람소리

만나면 어쩌랴 중생을 어찌하랴!
 구름이 산문散文을 지어 유구悠久 청정한 청류정 물길에 묻는다

*경북 봉화 청량산 연화봉 기슭에 있는 청정 도량의 절.
*참된 이치를 깨달았을 때의 황홀함.
*불도의 수행 경로를 '소牛'를 찾는데 비유, '공空'의 깨달음, 그대로 전체 세계를 깨달았다는 의미.
*아득하고 오래된 물길.

은수사 銀水寺

연蓮등이 꽃으로 피어
색색 연꽃잎 일주문 밖이 분주하다

산꽃 절로 환하여 은수의 골마다 부려 놓고
금당사 휘감고 꽃빛 환하다

귀에 담은 바라 소리
탑사를 돌아
절 뜰에 고이 내려

시름 잃고
그대 밟아오는 걸음이 곱다

초록 쌍계사

푸른 귀[耳]를 열고
꽃잎 즈려 안고 오는
물소리 맑다

산울목 쯤
소 휘돌아가는
여울여울 어루만지는

청정淸淨 사심思心을 듣다

풀꽃들 비집고
연두 초록 풀리고 있다

림포 지가志歌

삼우지가를 그리매

달빛 찬연하여
적벽 두고 학 날으니
향소원 붉은 매화
물속에 그윽하여라

고산의 오우지가는
고매함 맑고 청아하여
우정 밝혀 달과 송, 죽
돌이라하니
지교예의 달빛 취하여
솔향 드리우고

무심한 우정 굳세어
한결같아라
우주에 어울려
변하지 아니한 것은
이들이라 하려니

*림포: 중국당나라 시인(시·학·매화를 좋아함)

매듭 풀기

노래 같은 너로 하여
노래가 되고 싶은
심음沈音의 노래가 된다

진실 밖은 어둠을 삼키는 눈물이라는 것
수심愁心까지 내려간 울음도 노래라 한다

불협화음의 결들이 풀려 갔다
스스로의 결박을 더듬는 틈
다독이지 않는데도 바람 한 자락
꽃잎을 띄운다

한 목숨으로 거칠고 낮은 곳으로만 길을 낸다
강물인 듯 흐르는
선연한 길

비로소
맨발로 서는
처음부터 없었던
너

정심情心은 나빌레라
- 호가정浩歌亭을 노래함

굽이굽이 마음 펼쳐
곡진 초심 접고 접어
류사 지심 호가정에
읊다 못한 호가지의 님의 뜻
소리소리 메아리네

영산강 휘도는 평동나루
무이구강 합류천에 그 노래 심오하네
마곡촌 황톳불에 질그릇
질긴 사념 창다리 아래 머물고

구강언덕 청라호수
왼편의 추월봉은 그림으로 어려 있고
동녘 하늘 푸른 기운 서석의 정기 따라
노을빛 그을린 금성산이 저물었네

＊호가정: 광주시 문화재자료 제14호로,
 이 정자는 조선 중기 문신으로 유곡동 출신인 설강 유사가 지은 정자다. '호가정'은 뛰어난 경관을 읊다못해 흥에 겨워 큰소리로 노래를 불렀다는 뜻이다. 중국 송나라 강절의 말, '호가지의'에서 뜻을 빌려 정자 이름을 붙였다.

무위사

달빛 숨은 벽화는 스스로 선승이다
자연의 무위가 나를 다스릴 때 가장 황홀할 때이니

홀연한 노인 극락전에 든 지 사십팔일 째
훔쳐본 파랑새 놀라 날아가고

아미타불 마지막 점안은 미완이네

무엇에 어느 간절함에 눈뜨지 못 하는가
번뇌의 길이 영원에 이를까

경經을 들어 무위 달빛 어루만져 있는가

달과 바람이 지고 뜨고 천년
여전히 볼 수 없어, 중생 불구의 모습과 흡사하네

월하에 갇힌 극락보전 길을 가듯 평화롭네

천년의 달빛 밟기 한량없네

전설

물 때는 가슴만 훑고 갔다
모도慕島리 뭍을 건너는 영등할미는
흰매 발톱 바닷소리가 됐다
때 절은 치마는 파도를 이고

넋을 놓은 호동문 밖 가계회동 할망은
호랑나비 쫓던 실 눈가 마른 웃음으로
전설을 두고 갔다

뭍은 가슴의 염주가 되어
그믐밤 물길은 열리고 바닷길이 훤히 보일 때까지
할망은 돌아오지 않았다
모도 무지개 꽃길을 따라갔다
뿔치 맹돌 숲 깊이까지 손을 흔들다
시렁가래 흰 적삼 얹어 둔 낮달로,
갈매빛 섬꽃으로 피었다
한낮은 꽃잎에서 반짝였다

코라chora* 논의

   삶도 죽음도 신의 모습도 소의 형상인 인간의 모습도, 있지도 없지도 선도 악도 아닌, 은유의 언어가 비추는 아름다움도 추월한 정신의 경지도, 무한도 유한도 기쁨도 슬픔도, 황혼을 안고 죽어가는 밤의 눈물도 아닌, 바람이 고이 머무를 수 있는 곳도, 하루의 피곤이 겨우 도달되는 날마다의 안식마저, 향기로운 음악일까 태초의 어머니일까, 빛에 구원되기를 기다리는 영혼들의 어두운 밤도 아니다 다만, 코라의 지향은 고통받는 자, 상실의 순간 출구나 반응이 없는 절벽 그 자리 버려진 채 남아 있는...? 고백의 기도로 눈을 뜨게 하는..., 이유 없이 존재하는 장미,

   * * * *

   진실의 벽에서 통한하는 눈먼 오이디푸스 진실을 터득한 스스로의 눈을 찌르네, 지옥의 신에 버림받는 시시포스 삶의 무게 쉼 없이 돌을 산위로 올려야하는, 바위사슬에 묶인 채 자신의 심장을 독수리에 빼앗긴 프로메테우스 불을 인간에 선물했던 죄, 눈물 속의 나오미의 생 슬픔의 일생과, 뒤마의 글- 억울한 14년 지하 감옥에 갇힌 몬테크리스토 죽은 신부의 시신과 자신을 바꿔 탈옥한

불운의 의지, 아우슈비츠의 프리모 레비의 죽음 홀로코스트의 생존자 '만일 이것이 인간이라면' 인간의 가치를 사랑하고 탐구했던 그-,

　삶을 얻기 위해 삶을 버리는 길,

　십자가에 못 박힌 예수그리스도...!

＊플라톤『티마이오스』에 나오는 용어로 질서라는 규제성이 개입되기 전의 무정형이며 무한하며, 물적 에너지, 충만함, 공허 그 자체다. 언어학자 크리스 테바적 코라의 인용은, 기호적 코라로 해석, 운동성과 시니피앙(기표)들의 극단적 자유로운 언어유희로 사용 됨.
＊본문은 '리처드 커니'의 사유 언어들을 인용한 부분이 있음.

말이 말을 잡다

\#

막 가다 보면 막막할 뿐이다
어디까지 가서 부서지고 부메랑이 되어 돌아올까
말의 언어가 이르는 교훈이다

시골 첨지가 되는 꼴이면, 기피의 말을 함부로 쓴다면, 막말 범죄 수렁에 묶일 수밖에, 이규보, 금기의 말을 이끌어 말하노니,

인간 존엄이 언어라면 유기적 상관을 바람직하게 소통하고 본질의 순결한 진실의 진면목은 언어의 얼굴이며 그 나르시시즘narcissism은 말[言]의 경지이거나 차원이다

\#

진실의 예의 도덕률이 횡행한 사회 저변은 마치 숨 고르기를 하는 평화로움일 것이며 평온이다 항해의 푸른 지평의 향유이다 고매한 이성logos을 동반한 감성pathos으로 말을 잡는 말이 되어 질주하리니 모모의 눈빛 같은 관용하는 듣기를 포용하라 저 눈물겨운 경외의 경청을 느끼라 가슴으로 안으라 그 듣기는 진실로 말하기이다 그 자율을 실행하고 선의 의지를 지향하라 대의명분의 순명한 정치 패러다임은 어디에도 찾을 길 없다 인문 구가를

만끽해야 할 수행은 볼 길이 없다 비움의 배려 아량과 겸양을 겸비하라 말의 효율을 조율하라 언어의 위상으로 선포되리니.

文明 이론

 바람의 계곡 나우시카에는 독을 뿜어내는 숲이 등장한다 이것은 환경을 인간의 이해에 맞춰 함부로 이용한 인간들의 행태로부터 자신을 지켜내기 위한 자연의 비장한 몸부림이다 독의 숲에서 부해를 제거하려는 사람들에게 거대한 곤충 떼가 공격하는 것을 볼 수 있다 이처럼 스스로를 돌보기 위한 비장한 변화를 보임으로 해서 오히려 인간 생존의 토대를 자연은 역침해 한다 자연과 인간의 순환 고리의 관계 도치이다 반드시 억압하는 자의 현실에 나타나는 법이며 수탈하는 쪽과 당하는 모두에게 파괴적 병리 현상이 있게 마련이다 유해 독극물의 산업 문명의 쓰레기들은 지금도 생성의 대지에 무절제로 버려지고 있다 온갖 도발적이고 파괴적 폐해들은 자연이 운행되는 섭리의 순환장애로 축적되며 이것은 자연을 산업 발전의 매개로만 보는데서 그 유해가 심각하며 생태계의 고리를 공격함으로 황폐화시킨다 수많은 생물들은 지금은 없다 이러한 묵시록적 자연, 환경의 변화, 병리의 폐해로 부터 인간 환경 회복과 인간 이성 회복은 '슬라보예 지젝'*에서 진면목을 볼 수 있다. 자연에 대한 과학 기술의 개입이 어떤 영향을 미칠지를 주의 깊게 사색해 나간다. 미국의 시인, 소로우*는 자본주의의 근대 문명과 그 사회로부터 문명사회에 대한 객관적 성찰을 얻기 위해 '월든 숲'에서 시를 쓴다. 그의 시에는 자연은 숨 쉬며 허브향 가득한 대지에 문명의 도구로부터 침해받은 흔적을 찾을 수 없다. 자연은 노래하고 행복 할 뿐이다. 생태적 순환 환경의 아름다움을 찬양하고 있다. 구름-강-습지-대지라는 구도 속에서 생명 에너지가 환기되고 있으며 야생화, 물새의 비상 향기로운 꽃 내음 같은 아름다운 생태계의 지향 패러다임이 노래된다 재난의 징후를 볼 수 없다 순환의 법칙에 순응하는 세계는 아름다우며 경이롭다 인간의 사랑이 지향해야 할 경외의 영지일 것이다.

*슬라보예 지젝 Slavoj Zizek: 슬로베니아 출신의 철학자이자 문화이론가로, 헤겔 철학과 라캉의 정신분석학을 독창적으로 결합하여 이데올로기, 주체, 대중문화, 자본주의의 구조를 비판적으로 분석한 인물이다. 포스트모더니즘에 대한 급진적 비판자이자 '신新헤겔주의적 라캉주의자'로 평가된다.

*소로우 Henry David Thoreau: 미국의 철학자이자 시인으로, 초월주의 사상을 바탕으로 인간과 자연의 순리를 강조하며 자유롭고 양심적인 삶을 실천한 인물이다. 그의 사상은 현대 생태주의와 시민 저항 운동의 기초를 이루었다.

슬도瑟島 노을빛,
소라의 귀가 되다

파도는 타래를 풀어 비늘구름은 하염없이 밀려와
금빛 음파에 감기네

소리는 천년 바위에 멍이 들어 우특의 성화 음 반쪽이
길을 내고

현絃의 초록 줄기에서 둥근 화음 몇 개가 스러지고 일
어나 맺히네

동공마다 귀는 열리어 노을빛 울렁이는 하늘이 들어서
일몰의 바다는

푸르고 푸른 소라의 가슴에 속삭이며 붉은 물을 들이네

봄날

도리道理가 아니지라우
엄니 홀로 놔둔다는 것이

설리 키운 아들은 홀로 계신 엄니 때문
마음만 아프다

봄빛 화사한 오후
휠체어에 실려 원족 나간 엄니가 환하게 웃는다
아그야, 밥 싸가지고 오믄 맛나것다
엄니 생전에 이렇게 좋은 날은 없는 듯싶다

아들의 꾸부러진 허리가 오늘은 측은하다
엄니 혼자 계신디 어쩌지라우
못 모신게 남사스럽고 몸 둘 바를 모르것소

그래, 어쩌것냐 난 괜찮응께 염려 말그라 암상토 않다
암, 그라지야 암상토 않지야

개나리랑, 진달래가 언듯언듯
엄니의 눈물 같은 봄날이다

제3부

- 향기로운 사이프러스나무
  지상에 있었네

보사노바 그리고 재즈처럼
- with 코로나

프리하게 너와 손을 잡고
너의 1차원 돌기와 나의 파리한 4차원 주먹은
자유의 향유가 가능할까?
근원의 언덕과 창세의 날을 맞으러
호모 사피엔스 유인원의 단절 없는 세기에
컴백하자고?

우울했다 죽고 싶다 비가 오는 세상
너와 살기 위해 천을 입가에 둘러야 한다
먼먼 옛날 그랬던 것처럼
장례의 엄숙한 제의를 지키는 제사장이 되어
우리는 집에 유인된 지 오래다 그리하여
황량한 거리에 오직 너와 축배를 하자고?

우리 파격적이 되어볼까?
보사노바의 자유를 만끽할까
흐느적이며 밀당하다 이별의 시간이 오면
비로소 성숙한 여인처럼 너와 나
재즈와 보사노바 음울의 레퀴엠과 아듀를

나의 고상한 조상 크로마뇽의 그림자를 따라
너는 그림자를 밟은 죄로

푸르스트 이야기*

잃어버린 시간들이 기억에서 위태롭다

날이 선 각성의 추억들을 쪼개어 한가로이 별꽃을

들여다보는 하루, 불안한 생의 그림자가 지워지고

더러는 무성한 숲, 롱펠로우 노래

바람으로 쏘아 올린 화살의 행방이거나

눈물의 노래는 여전히 누구의 가슴에

살아 있다는 것

맨몸으로 운음韻吟을 켜고 강물이 되어 흐르는

향기로운 사이프러스나무 지상에 있었네

*마르셀 푸르스트 Marcel Proust, 1871~1922: 프랑스 소설가,
『잃어버린 시간을 찾아서』의 저자.

에피소드
- 갈대

기억에서
일어서는 너

손짓마다
사념思念이 깊어져

이별을 놓고
하얗게 밤이 되는 너

보일 듯 살피같은
그리움
피어 있네

카페에서
- 카페 백가시대를 보다

달꿈투썸플레이스시나브로마을기업
카페예담 레몬테이블12씨에틀 베네
13순례엔제리너스3지프케냐드롭탑
홀리스워킹스타벅스16나무미하
루호야로띠보이샤뜰레까
사밍고더메드브
라운워
킹시에틀그라니따

\# 이탈리안 향을 뿌린다 카라멜마키아토-향긋한 우유 위에 에스프레소 바닐라향을 얹고 순수 카라멜을 살짝, 한잔의 커피에서 3가지의 맛을 즐긴다 마키아토 프린팅 기술을 익히다 믹스 된 후 서로 사랑하며 화목하라 조화를 꿈꾸라

\# 릴케 미학을 맛보다 두이노의 성을 산책하다 바람의 소리 듣다 두이노비가 10곡의, 존재의 불안함은 삶이 행복해서가 아니라 행복이란 다가오는 손실에 앞선 이득일 뿐이라고

에티오피아의 전설과 불행한 아이의 눈물을 보라 솔로몬의 지혜를 간직한 쉐바의 후손 메넬리크 노예 전시장에 잠들다 그들의 눈물, 수고를 훔치지 말라

 # 주문된 오전의 브런치 메~뉴~뉴욕 립 간편한 점심 땜, 아이스테이크와 어니언 마운틴버리를 꿀에 찍어 냠~~ 리코타치즈 샐러드가 일품 주섬주섬 일거리 챙겨 든 도시의 여자 한쪽 구석에 앉는다 하얀 에이프런을 두른 웨이터 테이블 사이로 걸어 온다 수다 떨기 딱! 좋은 시간

 # NEW & BEST-소셜 카페 공지 사항
　SEASON NEW & BEST MENU HOME 뉴욕 치즈 케익 빙수 울랄라 커피버블티 카라멜 팥 초코 악마빙수 블루오렌지 알고 보면 열심히 공부한 순 영어 빙수 네~뭐,

 # 마을 기업 카페 마을 기업과 동행하라 북구1호점 5·18 주먹밥과 함께한 눈물과 오기가 섞이니 미리네 운동 본부 카리스마가 보인다 나눔의 문화 실천 차를 마시며 이웃을 생각하다 남도의 황토 꽹과리 소리 멀리 들린

다

　# 바람처럼 케냐에 간다 슬픈 케냐에 간다 아라비카의 진실은 실로 부드럽고 순수하다 그 땅의 결실을 속이지 마라, 아라비카 여왕의 흑빛 눈물이 흐른다

　# 대천사 가브리엘의 기도로 하늘의 선물 커피를 받는다 로스팅 효과로 겉과 속을 동일하게 조화하여 원두를 공기 중에 살짝 띄운다 아! ~조화의 천사가 날은다 곡선을 사유하는 커피, 롯데의 사랑~젊은 베르테르를 기억하라.. 키스 오브 엔젤 키스 오브 트레비.......

　한잔의 검은 향에서 사색을 읽다

＊마크 쇼러Mark schorer: 문학 기술이란 단순한 문장의 배열이나 문학 장치 사용만을 가리키는 것이 아니라 경험의 영역에서 가치를 개발하고 정의하는 수단으로서의 기술 개념까지를 포함한다.

바이러스가 달관하다

대지의 눈물이 그윽하다 악의 꽃이 퍼질 때 쯤

마디마디 작고 초라한 것들 그리움 조밀한 밀물이 되어 있다

무디어져 진저리 치게 패이고 다투던 자리, 아름답게 생을 흔들며

혼자의 숨으로 희망이다 기도가 되고 삶이 송두리째 마스크가 되고

목숨 조여 오는 후회가 굳은 가슴 꽃으로 눕는다 과거로부터 온 스커드 미사일 기미도 없이 무모하다 팬데믹* 시선은 정지된 난간에

하이테크 변화가 몸을 가누고 도망치듯, 까뮈*의 역병 서사가 재현된 자리마다

별 꽃잎으로 저문다

별꽃 되어 핀다

* 팬데믹pandemic: 세계적 범유행
* 알베르 까뮈 Albert Camus: '부조리의 철학자'라고 자칭한 프랑스 소설가. 대표작은 『페스트』, 『이방인』이 있다.

기억

아리아나 로렌죠
그의 팔에 숫자 문신이 그어졌죠
수용소에서 사라진
바이올린이 숨을 파고든다
엄마의 발길을 가벼이 하기 위해
온기가 눈가 가득하다
공습이 파리의 체육관에서
안네처럼 갇혔다
죄일 것이라고 희미하게 웃더군요
안네의 일기를 기억해 갑니다
열한 살이었지요
유대인의 어깨에 계절이 비로 내리고

엄마 보고 싶은 사람 나오세요
남자아이 열 명 여자아이 열한 명
걸어서 갔어요
희고 검은 꽃들이 지고 있었다
슬픔은

그렇지 않거나

독이었거나
사람의 향기가

죽음을 쌓았던 붉은 노을이 기울고 있었다
안넬리스 마리 노트에서

벡사시옹 Vexations*
― 에릭 사티*

시인은 모호한 사유를 섭렵했다
끝머리쯤 명분을 달고

서사는 끝없는 항해를 한다
중세의 건반은 느린 손등으로 옮겨 가서

절대 침묵과 미동의 절제를 제시하는
자만적이고 자폐적인 가사 상태에 이른다

다만 너를 원해
쥬 뜨 브

20시간 840번의 반복 수행은
가시관과 늙은 보리수나무를 지난다

전이적 자기애에 몰입된다
파열 음표들이 자유롭다

미로를 끌고 가는 벡사시옹

생 앞에 기도하는 노라

가슴에 새기노니

*벡사시옹: 에릭 사티의 피아노 독주곡. 20시간 연주
*에릭 사티 Eric Satie: 프랑스 작곡가

비의 에스프리

 - 여우비 숲에서 굴러온 햇빛 한 줄 반짝이며 와인빛 여자가 개입된다
 눈을 흘리며 지난다
 - 채찍비 생生의 위력에 무릎을 꿇어야 했는가 눈을 감고 헤매었는가
 바닥에서부터 살아난 나는
 숨죽이며 잠겨있었다
 - 잠비 반나절 평화스럽게 잠을 잔다 방법은 간단하다 우리들 황폐한 마음도 내려놓고
 그냥 빗소리를 들으면 된다
 - 누리비 조심하세요! 유리의 조각들이 신기루처럼 공격할 거예요!
 끝나지 않은 시간
 해빙기가 될 때까지

 - 장마비 지루했다 오란비 비워내는 법과 비논리 또는 정답을 찾기에 의미는 무의미했다
 어디서 끝나는가
 - 일비 올라서면 정상의 고도에서 숨은 듯 황홀한 역설은 신을 닮은 인간의 성실함이 일하는 비,

가장 신神적이라 했을까?

 - 직조하는 날, 비가 온다 가만히 귀 기울여 보세요 날줄과 씨줄의 노동이 그리워 자반자반 찾아오는
 귀한 발걸음 소리
 - 산들림비 먼 풀숲 바람이 이산이 되어 이곳저곳 비의 회랑을 걷듯,
 어머니의 스란치마가 저리 고을까
 - 약비 길가 바람이 된 들꽃들 흔들리며 약비에 유순히 몸 맞기고 아직 걷히지 않은
 이슬 속 분홍 노을이 아름답다
 - 는개비 함빡 젖은 지순의 순종은 다시 일어서고 있다 그렁그렁한 눈물,
 '살아 볼게요'

 - 잔비 이카로스의 아침은 창가에 빛나고 간밤 목을 적신 제라늄
 부제로부터 잔비를 맞고 돌아와 있었다

작은 것들을 위한 칸타타

별꽃마리 흔들리네
여린 허리춤
홀씨 하나 달고
세상을 향하여...

소녀의 어깨 작은 파랑새 한 마리 앉았네 눈물 고인 동공이 흔들리네 소년들 어두운 동굴 속 주먹밥 하나에 목숨처럼 굴을 파고 열두 살... 열네 살... 열일곱 살 어느 하늘, 바람, 햇빛에 눈멀고 그리운 부모 떠나 목줄 잡혔네

디아스포라 피스, 쿠바의 임 헤로니모 그리고 체 게바라와의 밀회는 자유를 평화를 그리워하네 그렌데일 시공원, 그 소녀 불미스럽다 일장기 휘두르네 엘 볼로 쿠바 이주 한국인 기념비 전쟁으로부터 고요히 잠들어 있네

DMZ 구역 아직 탄피 철모 슬픔의 영지는 냉이 천리향 머루 눈 쑥부쟁이들 살아서 손짓하네 세월 가듯 세월호 눈물도 말라 노란 리본 삼백 생몰의 자리 바닷바람 서릿발 성글어 나부끼네

후쿠시마 방사능 죽음의 물 밑이 그린피스의 시야에 젖어들기를 잘못한 것의 반성 뉘우침도 없는 침울과 비참 그리고... 사랑

아레테arete*
- 그리스의 신화는 마법이 없는 arete인 것이다. 인간적이다.

   인간이 가장 인간다울 때 그 모습은 신을 닮았다 신이 인간의 모습이다
   인간과 신의 관계 정립의 아레테, 경이로운 인간의 능력을 신은 끝까지 올림포스의 샘으로 인도하는 것이다
   신적 추구는 인간적 한계를 연마하려는 데 있으며 아리아드네의 실을 받아든 테세우스, 죽음의 미궁에서 살고 싶은 인간적 희망을 본다
   또는 인간이 신을 규정하는 것에서 신들에 부여되는 아레테는, 예언 술과 헤르메스의 언변과 설득력 신기를, 아프로디테의 미의 월계관을, 아테나의 지혜로운 매력과 헤파이스토스의 기계로, 디오니소스는 기쁨과 축제의 판타지를 받는다

   신으로부터 주어지는 기예는 다시 인간에 부여된다 힘의 헤라클레스는 장미란과 최홍만이다 이쯤의 예로 각각의 아레테는 개인과 개성을 존중하며 실현의 수고를 그들에 헌정하는 것이다 천사의 날개를 직조한 이카로스의 비상은 신과 인간의 동등한 추구를 의미한다
   몸과 마음을 연마하는 인간 최선의 의지와 비유된다

인간의 지혜와 노력을 확장하는 지력으로 김연아의 얼음 위의 춤을, 마더 테레사 수녀의 숭고한 봉사를, 달리는 열차에 어린 생명을 구해 낸 의지, 전쟁을 배제한 평화의 구원자 마하트마 간디의 위상 등은 감히 신이한 모습이며, 아레테를 실현하는 고결함이다 스스로에 부여되는 사랑의 경지이다 아레테를 추구할 수 있도록 배려되는 사회는 아름답다 장엄한 경지를 성취하는 인간적 도전은 자기 극복의 의지이며 노력하고 실행하며 실현시키는 최고의 인성이다

그 정신은 신성하다

*그리스의 신화, 정의로 신과 인간 각자에 잠재되어 있는 유능성, 탁월성, 기량 등으로 해석.

바흐를 읽는다

 원율의 자장을 주도해 가는 평화나 평온이 매달려 향기의 현을 두드리고 있다.
 우주의 모든 것은 평균음의 선상에서 노래한다 지독한 향수에서 예수의 얼굴은 지극히 그윽하다 불안과 위엄이 교차하고 기쁨의 근원 너머 고요의 파문을 찾아가는 바흐 생명의 면제부는 정수리에 부어진다
 슬픔의 장엄한 관장자여 날갯짓 새들을 바람 위에 놓으시고 그 가까이에서 별들의 눈빛을 사랑하시어 그 후등을 밟아 건너고 긁힌 자욱 면류관 핏물이 고임 그대로 빛이 난다 잊힐 것 같아 전설마다 이유들이 무늬를 짓고 아무런 표정이 없다 그림자의 회랑을 서성이며 고뇌의 깊이로 난파의 배를 끌고 가는 음파여 하얗게 피어나는 우리의 신음 소리를 기억하는 예수! 아 불행한 영혼들을 가만히 앉히소서 그리하여 심장 가까이 켜는 음운의 소리를 기억하소서 마테수난의 구음들을 꽃으로 피어나게 하소서 작은 바람과 작은 꽃들의 노래도 보호하시어 생명의 버려진 숨소리도 살펴 주소서 처음의 기원으로 드리운 푸른 새벽의 기도를 허락하소서.

붉은&레몬 사유의 이항二項

네바 강변을 서성이는 아직 소요되지 않은 바람의 소리였거나

어느 정신의 눈물이었거나

붉은 지젤, 지고의 사랑이었거나

그의 레모네이드 푸시킨의 간절한 서사였거나

묵언 반가사유의 은빛 미소였거나

시니피에를 탐닉하는 시니피앙의 주술일 수도

사랑과 극기의 멜랑콜리, 아름다운 변주였거나

인류 에고이즘의 슬픈 사색이었거나

꿈꾸는 몽상가의 레몬트리였거나...

이상한 바그너

우리의 적은, 자유를 그리워한 것이다
공개적 비판이다 사회와 인간과의 도치 해석
음표와 노래와 사랑 그리고 평화
땅 위의 공기가 연기로 자욱하다
사람이 죽은 것이 보이지 않는다
푸른 나무는 보이지 않는다
바그너 그룹 동지들의 피가 악보에 낭자하다
조국을 사랑하고 평화를 지지하고
전쟁의 정당성을 부정한다
도시가 마비되고 130명이 살해 된다
전쟁을 상품화한다
방공망과 집이 파괴된다
바그너 그룹 붉은 노을 숙소가 파괴됐다
어스름 저녁노을이 핏빛이다

탄호이저 음유가 상품이 된다
기사도의 중세와 현제의 바그너 그룹이
그의 이상을 위해 싸운다
정의와 행복의 본질이 수행된다
바그너 로엔그린이 연주된다

수심에 물든 나치가 바그너를 팔았다
갈등의 유대인을 복종으로 몰아 갔다
순례의 합창과 저녁별의 노래가 슬프다
중세 바그너는 체포령이 내려진다 수배자다
새를 잡는 하인리히 왕은 러시아 푸틴이다
바그너 음악은 전쟁의 시작으로 기획된다
단조의 서곡은 슬프다
그의 음악이 들리지 않는다

COVID-19: || 에반게리온*

 -prologue-1

 - 순환의 자연을 거스른 직선적이며 도발적 이상을 추구하는 데서 가공할 만한 위력의 첨단 테크놀로지를 매개로 한 파괴적 문명의 이기는 세상을 재난에 빠뜨린다. 억압된 것은 그대로 있지 않고 나타나는 것이다.
 - 자연의 보복에 인간이 할 수 있는 일은 아무것도 없다 -

 -prologue-2

그향기가까이하면네가죽고나를살려야해,마구뒤틀려때몰려오는너희들에내삶은무너지고더욱번져가야하는데그러나품은향기를더욱느끼기바레나의운명이여나는혼신을다해살았으며팝콘처럼피어나마지막꽃으로다시시들어갈것이니,너희는껌딱지처럼붙어서묶이고닫히고막히고편을가르고싸움질을그만하고최고의인간애로회향하여고귀한목숨들어살기를다른생명미물의목숨까지탐하지말며모든우주의만물을그대로살펴주기를부탁해그약속을지키므로나는영원히너희에게향기를내뿜지않을거야.

\#

-코로나의 밤 처량한 달빛이여 바람이 회오리친다 황량이 쓸고 간 자리마다 무서운 정적만이 벌레의 껍질 부산물들 휩쓸려가네 달빛마저 차가워 침묵이 흐르고 소금인간으로 굳어지기를 원치 않아야 한다 들꽃세상 순수한 백야의 지구, 비정한지구는 욕망을 놓지 않는 한, 나 또한 놓지 않으려니 끝내 너의 몸 어딘가를 순례하고 그리하여 야망을 부리는 곳 전례의 보복 행렬에 동참하리니 숨통을 조이고 무분별 하고 괴로운 삭막한 축제에 내 삶의 전부를 쏟아붓고 포유류의 뒤 파충류의 시체가 보인다 먹이와 집을 잃다 어느 날 숲속 정적을 깨뜨리고 모든 먹이와 집이 없어졌어 나무들은 없어지고 보금자리를 잃었어 지구의 끝까지 나의 집을 찾을 거야 검은 빛 하늘만 안개가 되어 푸른 하늘이 어느 날 없어 졌어 파랗게 꿈바라기 했던 하늘이, 검은 안개비 속 아이와 엄마는 서둘러 떠나고 없었어 그림을 그리는 하얀 구름은 먼 추억이 되고 언제나 깔깔대던 아이들은 어디 갔을까 가즈런한 신발들이 포르말린에 말려져 웃음소

리 갇혀 있네 자연을 소유하려는 생명체는
세상 어디에도 존재할 수 없으니 서로를 그
리워했는가 그 간격의 바람소리에 귀 기울
였는가 아! 강물이 출렁이며 파문의 은빛이
여 노래하리

- epilogue -

묵시록적 자연의 도발에서 인간이 우주에 진정 겸손해야 하는 것은 모든 자연 생명의 몸에는 함부로 손을 대지 않는 것이다.

인간은 우주 산하 생명체의 부모다. 이러한 숭고한 순환 고리를 끊고 인간은 모든 생물체의 주범이 되었다. 인간 환경의 회복과 이성의 회복을 위한 객관적 성찰은 무엇인가?

*영혼이 육체 없이 존재, 인류를 대신한 비전적 무실체 형상. 우주의 돌연 변이에 대항하는 인간 의지의 비전적 형상으로 명명됨.

말을 읽다, parole

눈을 떴어 그의 말,
아직은 사랑해 절실함으로 무수히 읽혀 가는 틈새
말이 말을 잊고 옆으로 누워 거꾸로 된 세상을 읊조리고 언제나 나를 이기지 못한 탓은 탓도 아니다
그러나 시작되는 소쉬르의 위트는 현란하다 구름 위를 걷던 상념이 푸른 하늘을 향하여 노래하지 않는다 언어의 형식은 말을 함으로, 내재된 전유물의 매체를 환기하며 듣는다 손가락 사이 둥근 여운을 보며 공허에 눈을 뜨고 언어의 깊이만큼 충만한 호흡으로 나의 어휘는 움직인다 또는 말이 그림자로 그려내는 혀, 저문 노을의 뒤편을 보며 의미들을 되새기고 있다 눈을 보고 마주하며 교통의 따스함을 느낀다 세상을 향하여 걸어가는 모습 얼만큼의 이야기가 될까 의문이 길어진다 소녀의 푸른 동공을 읽어 나간다 침묵의 언어 속으로 나의 어휘는 발음한다 흰 꽃으로 발화하는 말들.

웃다 눈물 랩소디

미학의 눈물은
슬픔을 눈물로 웃어주며 우는 것이다
눈물이 쓸려가 아득해져

울음의 고요에 닿을 수 없다
눈물의
눈물은

뮐러리어의 눈물이다
눈물의 나르시시즘이다
현학이며 베아트리체이다

슬픔이 폐허에서 웃는다

글썽이며 슬픔을 눈물이 달래고
소진된 소유는
눈물을 가벼이 하려다 웃는다고

생이 무거워 진다며
관용하는 수행의 삶은

눈물을 모아 둔다

불안한 눈물은 눈물이 슬픔을 잃고
눈물은 마르지 않아

제4부

- 아! 아름다워
작은 눈물들 맺혀있네

상춘재 꽃잎 피다

금강 지류 여울쯤
아른한 능선이 물에 들어
담악 용머리 등걸에
부소루 아라홍련은 붉기만 하다

입석대 노송의 목은 길고
밀물이 밀려와 향그럽다

금강 산하 이런가.
몸지느러미 몸그림자 상춘물에 어른거려
옥천지 속리뫼는 이산이 되고
보청천 물무덤 더듬어

늘 봄길이어라
상춘이어라

청산면 물안개 피고 지고
독산 꽃빛만 아련하다

망인당 동백

망원루 난간에 붉은 꽃빛
날아서 나빌레라
어느 끝간데를 상접한 네 곁에서

기다림마저 황홀하다
쓴 바람 속 깊어진
순결은 속절없이 망월 뜰에서 붉다

버리고 떠난 유수의 세월이
사립문 초입에서
무심하게 피고 져서 장산리 꽃길 따라

동백향이 그리워 망인정
마주친 나무로 서다
노을은 황홀하여 망향 심정만이 섧다

희경루 운치에 젖다

양림천 버들
희경루 난간에 향을 취하고

처마목 무늬는 하늘빛에
현란하다

목사골 금성의 별
서향에 노니다가

동방 무등의 능선운무
희연회에 어리어

감회 자축 신숙주 기문은
일필휘지一筆揮之하여 향기롭네

송순가단 필사율시
섬세히 아름다워

서녘 죽림 굽이진 언덕에
옛 자취 그리움네

환산정 풍류

환산정 바라보는 시정 제 아득하니
들꽃향 가슴에 두고
일심 의거義擧의 숨결이 머무네

호수는 물속에 잠겨서
노송은 병정노란 넋에 슬프고
유유자적 그림 되어 서 있네

백천 유집은 낙하 절창으로 들려오고
소박하고 곧은 절개 수려의 문장은
류함의 심사 슬픔만 깊어가네

사방천지 환산環山 절기 청청하니
서암 절벽 희미하게 드리우고
뭉게구름 호수 너머 펼쳐져서

산수 어우러진 사철 풍류는
일월 청정 단심마저
기대어 그리는 마음 한량없어라

풍암정가楓巖亭歌

꽃잎 놓인 단청 자락
단풍인 듯 현란하다
풍암류 흐르는 풍경 소리
정자 돌아 멈추고

옥녀봉 능선 따라 발길 머무니
금당 선봉仙奉에 어우른 운무 노니네
보존불 자애로워
신동국여지 산신사山神祠가락
물길 맑아 선경이고

아! 남평 정든 길 뵈는 곳
옥천의 사무친 정심情深을 가늘 길 없네
명인名人사신使臣 가교 함께 의로운 향수 깃들어
임진란 일심 회재로 꽃무릇만 무심하네
풍암의 절개로 운리雲裏의 기운이 마을에 선연하여
신흥 천리 바람소리
처마에 스치네

*서구 풍암 신흥로 50번길 48(풍암동)

죽와竹窩의 노래

창산蒼山음곡陰谷은 극락강 마주하니
강변 낭만 분분하여 정자놀이 흥겹다
풍영정風詠亭 극락 정가 강물 따라 잔잔하여
판교 품 밀어낸 손길
죽와의 곧은 절개
미담은 교교하여 스스로 감수하며
한정 없이 풀어낸 가락 음풍吟諷농월農月이네
마음 머문 세월 잡고 극락강 파문은
은빛 돛대 흔들리며 와루의 처마 끝
풍경만이 그윽하다
휘돌아 멈춘 유구悠久한 그리움은
시구詩句의 음영吟詠으로 강변을 노니네

*풍영정: 광산구 풍암정길 21에 있는 작은 정자

눈물 겨웠네

바닥에서 나직이 반짝이며
간절히 손짓하는 그 꽃을 보기 위해
허리를 굽혔네
조용히 꽃봉을 보네

모진 세상의 불협화음들이
등덜미를 휩쓸고 지나네
나를 더 낮추어 바닥까지 내려가면

어린 잎이며 예쁜 꽃잎들
작은 우주를 이루고 있네
함부로 숨소리마저 죽여야 했네

아! 아름다워
작은 눈물들 맺혀 있네

크고 큰 나무들 힘으로
위로 위로만 뻗어가며
발아래 별꽃들 무심히 밟고 가네

어린 꽃들 불구가 되네
어린 눈은 한 쪽으로 기울어
마음 한 쪽은 멍이 들고

한쪽과 한쪽이 불균형이네
세상의 방패와 가림막도 한 쪽씩 잃은
황량한 벌판 균형 없이 걷네

풍경, 하나

율부린 너가 웃고 갈... 삭발하는 릴레이 경주

식물 국회는, 민생 거사는...
창밖의 사람들
오리털보다 더 가벼운 주제 더미를
그린피스 캐치프레이즈도 아닌

탁발운한托鉢雲漢이라 했던가 차라리 머리를
흐르는 은하수銀河水에 감지... 멋지게 시원하게
수행의 거사로 아만과 고집을 없애라...
무소유 걸식의 의미라 했거늘

약한 자의 코스프레가 일회용으로 전락하여
민부론은 무엇이고 진정한 국부론* 카피는 아닐른지
이것마저 가장 보편한 일변 도덕철학으로 사유된다는 것을 알았을까
머리 깎고 나서는 바람에 이것저것 트집잡아 비트네

전쟁 범죄와 방사능 오염수와...
선과 악의 보편 진리를 차치하고 이유 없이 휘두르는

최악의 인성人性은 어찌할까?
다시 카오스 창세기 회동을 바라야 하는지

*영국, 애덤 스미스의 경제이론

충장로 연가

그곳에는
충절의 덕령 장군 의리의 만세 소리가 있네
노래하네 꽃구름 떠가네

무등산 꽃길에서
충장거리 축제까지 세계화에 만국기 날리고
널디 감성 up, 아케이드 거리 호남경제 1번지라

K-POP 유노, BTS 제이홉, 로드
영광이라 이르네
사랑하면 할수록 따뜻한 거리

광주극장 옛 추억 파노라마 되어
우체국 창가 기대여 그리운 편지 쓰네
능소꽃 만개한 1가 입구에는

아시아전당 붉디붉은 우리들의 노래
미리내 하늘공원 꿈만 키우네
오, 아름다운 충장로

충장의 거리

아름다운 음악

　우울을 파고드는 선명한 포레스트 락,
　자연의 음에서 플라스틱 복제의 음울이
　매립지의 악취가 진동한다
　전기 에너지 최소화 친환경 메커니즘의 락 스피릿을
뿜어낸다
　어떤 라인업일까 허브향 만개한 화음
　고집스레 비우지 않은 불통의 사각에서
　외눈박이의 절절한 사투가 음의 로고를 클릭, 클릭한다
　지산 밸리 유쾌한 메아리 청청한 알을 잉태하는 슬로건은
　우정의 자연친화!
　잎의 오솔길 따라 신성의 물을 채워 올리는
　오염의 욕망이거나 오만한 도화선마저 내려놓기를
　라디오헤드 검정치마 뮤지션도
　춤을 출 수 있는 한

　녹색 성장의 구매자를 찾는다고

클로버

새와 언덕의 나무 꽃잎들도 노래하네
싸우는 일도 서로 쪼는 일도 없이
신들은 꿀벌에게 먹이 주는 것을 잊었네
천사는 풀잎에 둥글게 둥글게 그렸어
석장의 풀잎 자욱마다 꽃은 피었네
분홍의 예쁜 꽃에서 꿀은 먹어도 먹어도 줄지 않아서

어디든 지천에 피어 나지막이 허리를 굽혀야 볼 수 있는
애타게 찾는 이에 헌정 되는 클로버

이 밀원蜜源의 식물은 제 몸의 식량을 끝없이 내어주네
행운을 나누는 네잎 몸도
행복을 주는 세잎 몸도

사람은 네 잎 행운만을 갖기 위하여
세 잎 평화와 꽃잎들을 짓밟는다네

창신동 연가
- 아름다운 마을

민들레 쑥부쟁이 씀바귀까지
마을을 정갈히 쓸고 난 후,
햇빛 속 풍경이 맑다

봉제 쓰레기 마을 올레를 깃발처럼 알리고
행위 예술의 반나절을 봉사한다며
적어도 폐 활용에서 사색 중이다

문득 지구의 더운 눈물 식혀주는 한 가슴이

비움에서 넉넉한 채움을 실행하는 삶이
들꽃 부푼 일상이 송두리째 전리품이 된다
마을 산책로와 올레길은 가난한 공동체를 이끌고
나른한 오르막에서 모처럼 웃는다
목화솜 같은 평화가 웃는다

봉제 마루 개조한 허름한 카페의 사람들
오지랖 같은 일상을 꿰매고
폐물들이 체인지업 된다
뉴-창신동이 된다

야은당 연가 野隱堂 戀歌

눌재세하 너른 초원
창수문에 들어서니

선비의 현판 글체 안당이 휘황하고
도리기둥 팔작지붕 도리석이 정겹다네

향초시 거뜬하고 통훈대부 금의향하여
사모한 절의의 마음 깊어만 가네

세동 입구 펼쳐낸 서창의 들녘
오랜 세월 야은당기 한가득 머무르니

소호 의제 양정군 모여 경의敬義하고
금今 시월詩月 빛살만 청청하다

＊서구 눌재로 420(세하동) 소재하고 야은 김용운을 기리는 정자로 그의 결의를 지키는 것이다. 산이나 강이 아닌 평야에 그의 몸을 둔다는 것이 예사롭지 않다. 이 정자에는 조선시대 학자들의 아름다운 시문들이 있다.

길

여기는 길이 아니네
서로가 서로의 모습들을 건너편 창에서 바라보며
눈인사 아름다운 들장미 꽃담이네

길이 아닌 길은 가지 않음으로 해서
바른 삶을 살아가는 바른 몸짓이며 바른 마음일 것이네

바른길은
내가 남을 해롭게 하지 않는 것이네
길이 아닌 길은 가지 않음이네

나의 이익을 위해서
나의 이웃이 마땅치 않은 것을 원치 않음이네
그리하여 나의 길은
바른길을 가는 것이네

훈민정음

ㄱㄴㄷㄹㅁㅂㅅㅇㅈㅊㅋㅌㅍㅎ - 홍익인간 서로 돕고 조화로우라 아름다운 수려의 금수강산 국토의 푸른 정기는 백두대간 꼬리 물고 회오리친다 청담빛 하늘 쏟아낸 백록담 우람한 물의 청기서린 천지인의 정신 용머리 트는 동해의 동이 민족, 슬기로우라

ㅏ ㅑ
ㅓ ㅕ ㅗ ㅛ ㅜ ㅠ ㅡ ㅣ -
매란국죽 이른 봄 홀로 핀 매의 향
그윽하여 난설헌 붉은 치마 또한 그립다
봄 산의 접동새라 님의 품인 양, 황진이 열정 드리우네
지는 달 새벽별이 내 마음 알리라 홍안이 그리울 제 울며
가는 기러기 임제의 물곡비 한우의 풍류가
절절히 맺히니 끝간데 없는 이
마음 님 그리
노라

아야어여오요우유으이 - 우리말은 소리글이며 좌분지 언어이다 핵 끝머리 언어에 문장성분 순서가 자유로운 어순의 언어이다 담화 중심의 언어에 경어 높임법이 정

밀하게 발달한 언어이니 두루 백성들 쉬이 사용하여 예의를 얻으라 이르시네

　기억니은디귿리을미음 - 한글의 효용성은 편한 글 적용 기능이 우수하니 세계인이 즐기며 세계의 유산 길이 길이 빛나리니 불휘 깊은 나무 흔들리지 아니하고 샘이 깊은 물 마르지 아니하니 이 우수한 글과 민족, 이같이 영원하라 침향의 향원 기원의 민족 유柔와 박博의 심성이 흐르는 물과 흡사 풍류의 그 멋이라 천년을 기대하며 인세의 안녕을 바라네

섬, 바다를 품다

천칠백 개의 섬돌은
바다의 바람을 놓아주지 않는다

변명 피우며 마파람 갈바람
맨살로 부딪는 댓잠바람

우도 좌도 중도 우금도
물살만 휘황히 받아내고

바윗섬 사이사이 가두어
가슴가슴 묻어 놓고

하늘거린 미역귀는 꽃으로만 피어서
내 안의 바다여
네 안의 섬이여

비로소 어디로 가는지 묻는다
나의 무릎 위에 목숨처럼 안긴다

나의 시론

눈물의 미학과 침묵의 시학

김 경 선

　상실은 죽음의 의미에 닿아 있다. 잃은 것, 잃어버린 것에 대한 묵도 애도의 수행적 과정이다. 무엇일까 절실하다. 그것은 삶과 생의 연명, 영위적 글을 쓰는 것에서의 오브제가 된다. 격정을 밟고 서는 절제의 제의식에 참여하는 죽음의 수렁 같은 언어의 의미에는 안간힘으로 견디는 고행적 행로이다. "자만적이고 자폐적인 가사 상태에 이른다." 참는다는, 견디는 처절함의 시학이다. 언어 묘사가 극치이다. 존재에 대한 실험적 상태라 할 수 있는가. 재생되는 인내는 다시 흔적을 들쑤시는 통증이 되기도 한다. 애잔한 부서진 상실된 잔해들을 애써 주워 모아 본다. 내게 있어 글쓰기는 그러한 눈물의 진위를 의식하며 애도하는 것이다.

　단테가 떠도는 삶 속에서 책을 완성했듯이, 나는 제사장 같은 마음으로 버려지고 밀려난 것들 앞에 멈춰 선다. 눈물은 그 자리에서 차오른다. 이 다짐은 반복과 수행의 리듬으로 몸에 새겨진다. 내 시 「벡사시옹」은 그 모습을 보여준다.

>   서사는 끝없는 항해를 한다
>   중세의 건반은 느린 손등으로 옮겨가서
>
>   절대 침묵과 미동의 절제를 제시하는
>   자만적이고 자폐적인 가사 상태에 이른다
>
>   다만 너를 원해
>   쥬 뜨 뷰
>
>   20시간 810번의 반복 수행은
>   가시관과 늙은 보리수 나무를 지난다
>
>   전이적 자기애에 몰입된다
>   파열 음표들이 자유롭다
>
>   미로를 끌고 가는 벡사시옹
>   생 앞의 노래
>
>   　　　　　　　　　　　-「백사시옹」부분

여기서 반복은 꾸밈이 아니다. 840회라는 지시와 "20시간 810번의 반복 수행"이라는 말은 독자가 그 자리에 같이 앉아 있는 듯한 느낌을 만들기 위해 적었다. 느린 건반과 거의 움직이지 않는 몸은 숨과 맥을 낮춘다. 그러면 마음의 겉이 얇아진다. 그 얇은 막은 고통을 막지 않고 통

과시킨다. "가시관과 늙은 보리수"는 다른 믿음의 자리를 한 장면에 겹쳐 놓는다. 수난과 침묵이 함께 울린다. 반복과 절제가 상징의 싸움을 가라앉히고 함께 울리게 만든다. "다만 너를 원해"와 "쥬 뜨 뷰"는 수행의 목적을 욕망의 말로 불러내지만, 그 욕망은 쥐려는 욕심이 아니라 끝까지 바라보려는 뜻이다. 그래서 "미로를 끌고 가는 벡사시옹"은 길을 찾는 몸짓이 아니라 길 자체를 껴안는 몸짓이 된다. 수행과 말이 한 호흡이 된다.

  사적인 눈물은 사회의 자리에서 다른 목소리가 된다. 「작은 것들의 칸타타」에서 나는 작은 것들의 이름을 사람의 비극과 같은 문장에 세웠다.

> 별꽃마리 흔들리네
> 여린 허리춤
> 홑씨 하나 달고
> 세상을 향하여

>   소녀의 어깨 작은 파랑새 한 마리 앉았네 눈물 고인 동공이 흔들리네 소년들 어두운 동굴 속 주먹밥 하나에 목숨처럼 굴을 파고 열두 살... 열네 살... 열일곱 살 어느 하늘, 바람, 햇빛에 눈멀고 그리운 부모 떠나 목줄 잡혔네

>   디아스포라 피스, 쿠바의 임 헤로니모 그리고 체 게바라의 밀회는 자유를 평화를 그리워 하네 그렌데일 시 공원, 그 소녀 불미스럽다 일장기 휘두르네

…중략…

　　DMZ 구역 아직 탄피 철모 슬픔의 영지는 냉이 천리향 머루눈 쑥부쟁이들 살아서 손짓하네 세월 가듯 세월호 눈물도 말라 노란 리본 삼백 생물의 자리 바닷바람 서릿발 성글어 나부끼네

　　후쿠시마 방사능 죽음의 물 밑이 그린피스의 시야에 젖어들기를 잘못한 것의 뉘우침도 반성도 없는
　　　　　　　　　　　　　　-「작은 것들의 칸타타」부분

　나열은 뜻을 밀어 올리는 힘이 된다. 별꽃마리와 홀씨, 파랑새, 냉이와 천리향, 머루눈과 쑥부쟁이는 변두리로 밀려나지 않는다. 나는 작은 생을 문장의 한가운데 세워 사람의 고통과 같은 무게를 얹는다. DMZ의 탄피와 세월호의 리본, 후쿠시마의 물 아래가 한 자리에서 만날 때 독자는 숫자와 기록이 아니라 살갗과 냄새로 상처를 다시 느낀다. 시는 사건의 진실을 단정하지 않는다. 나는 몸이 기억한 감각을 되살려 우리가 다시 느낄 힘을 돌려주고 싶다. 애도는 그 힘에서 시작된다. 조점화 시인은 이 시를 평화와 사랑을 위한 작은 노래의 물길로 읽었다. 나는 그 말에 고개를 끈다. 개인의 상실은 역사적 상처와 만나고, 애도는 목록과 현장의 디테일을 통해 우리 모두의 감각으로 넓어진다.

　눈물의 결을 시 속에서 직접 말해 보고 싶었다. 「웃다

「눈물 랩소디」는 그 시도다.

> 미학의 눈물은
> 슬픔을 눈물로 웃어주며 우는 것이다
> 눈물이 쓸려가 아득해져
>
> 울음의 고요에 닿을 수 없다
> 눈물의
> 눈물은
>
> 밀러리어의 눈물이다
> 눈물의 나르시시즘이다
> 현학이며 베아트리체이다
>
> 슬픔이 폐허에서 웃는다
>
> 글썽이며 슬픔을 눈물이 달래고
> 소진된 소유는
> 눈물을 가벼이 하려다 웃는다고
>
> 생이 무거워 진다며
> 관용하는 수행의 삶은
> 눈물을 모아 둔다
>
> 불안한 눈물은 눈물이 슬픔을 잃고
> 눈물은 마르지 않아
>   -「웃다 눈물 랩소디」 전문

여기서 "웃어주며 우는" 말은 모순처럼 들리지만 방향을 바꾼다. 웃음은 고통을 지우는 약이 아니다. 고통을 버티게 하는 숨이 된다. "나르시시즘"은 허영이 아니라 무너지지 않으려 스스로를 똑바로 들여다보는 시간이다. 시간이 쌓이면 눈물은 하나의 뜻으로 묶이지 않는다. 위로와 항의, 자책과 용서가 한 점에 포개진다. 베아트리체는 교리를 강요하는 표지가 아니라 잃은 이를 건너편으로 이끄는 안내자에 가깝다. 안내는 신비가 아니라 행동이다. "눈물을 모아 둔다"는 말은 감정을 쌓아 두겠다는 뜻이 아니다. 기억을 간직하겠다는 뜻이다. 그 기억이 다음 시로 건넌다.

언어를 다시 믿으려면 먼저 숨부터 바로 세워야 한다고 생각해 「말을 읽다」를 썼다.

> 눈을 떴어 그의 말,
> 아직은 사랑해 절실함으로 (…중략…) 말이 말을 잊고 옆으로 누워 거꾸로 된 세상을 읊조리고 언제나 나를 이기지 못한 탓은 탓도 아니다
> 그러나 소쉬르의 위트는 현란하다 (…중략…) 언어의 형식은 말을 함으로, 내재된 전유물의 매체를 환기하며 듣는다 손가락 사이 둥근 여운을 보며 공허에 눈을 뜨고 언어의 깊이만큼 충만한 호흡으로 나의 어휘는 움직인다 또는 말이 그림자로 그려내는 혀, 저문 노을의 뒤편을 보며 의미들을 되새기고 있다 눈을 보고 마주하며 교통의 따스함을 느낀다 (…중략…) 침묵의 언어 속으로 흰 꽃으로 발

화하는 말들 (…중략…)

- 「말을 읽다」 부분

여기서 "말이 말을 잊고 옆으로 누워"있다는 말은 꾸밈이 아니다. 뜻이 제자리를 벗어나 멈춘 모습이다. 나는 그 빗나감을 비웃지 않는다. 먼저 숨을 고른다. 숨이 돌아오면 들을 수 있고, 들을 수 있으면 다른 사람에게 닿는 말이 생긴다. 흰 꽃처럼 피는 말은 상처를 지나온 말이다. 나는 그 말을 우리의 바탕으로 삼고 싶다.

그리움은 결핍을 정지시키지 않는다. 결핍은 지향을 만든다.「달, 봐」에서 나는 그 지향을 현재진행의 동사로 세운다.

한쪽이 한쪽을 본다

패인 그리움이 패인 한쪽을 향하고

달맞이꽃 노오랗게 만개한

달바라기는

그리웁고 그리운

차오른 가슴으로

그대에게 간다

하늘하늘 미리내 별 숲 건너

현현한 무늬 밟고 간다

푸른 수평에 뜨는 달빛

- 「달, 봐」 전문

"그대에게 간다"는 선언은 소유의 약속이 아니다. 도달을 향한 움직임이다. "현현한 무늬"는 관념의 무늬가 아니라 발걸음이 남긴 자국이다. 결핍의 인식이 체념으로 굳어지면 상실은 폐쇄가 된다. 결핍의 인식이 이동으로 바뀌면 상실은 지향이 된다. 나는 지향의 편에 선다.

기다림은 움직임의 다른 얼굴이다. 「망인당 동백」은 그 기다림을 멈춘 그림처럼 굳혀 보여준다.

망원루 난간에 붉은 꽃빛
날아서 나빌레라
어느 끝간데를 상접한 네 곁에서

기다림마저 황홀하다
쓴 바람 속 깊어진
순결은 속절없이 망월 뜰에서 붉다

버리고 떠난 유수의 세월이
사립문 초입에서

무심하게 피고 져서 장산리 꽃길 따라

동백향이 그리워 망인정
마주친 나무로 서다
노을은 황홀하여 망향 심정만이 섧다
-「망인당 동백」 전문

여기서 동백은 가만한 사물로 머물지 않는다. 향과 빛, 바람과 시간이 겹치며 장면이 움직인다. "기다림마저 황홀하다"는 문장은 달콤한 감탄이 아니다. 오래 버틴 이가 알게 되는 감각이다. 나는 사건의 줄거리를 앞세우지 않는다. 사립문과 꽃길, 향기와 노을로 시간을 가리킨다. 독자가 그 길을 따라오며 버티는 법을 배우길 바랐다.

이제 내 시의 생각은 분명해졌다. 상실은 몸에 밴 애도의 습관이 되고, 반복과 절제는 내 시의 리듬이 된다. 작은 것과 큰 상처가 한 문장에서 같은 숨을 쉬면 애도는 우리 모두의 감각으로 넓어진다. 눈물은 흘려보내는 것이 아니라 기억을 지키는 일이며, 때로는 건너편을 가리키는 표지가 된다. 숨을 바로 세우면 비뚤어진 말길을 넘어 다른 사람에게 닿을 수 있다. 모자람은 방향을 만들고, 기다림은 멈춘 자리에서 뜻으로 굳는다. 인용한 시들의 구조와 표정, 리듬은 같은 쪽을 가리킨다. 시는 어둠을 지나 삶을 다시 묶는 기술이 된다. 나는 웃어주며 우는 눈물에서 다시 시작한다.